Juguetes, Herramientas, Armas y Reglas

Un libro para niños sobre la seguridad con las armas de fuego.

Escrito por Julie Golob

Traducido por Gabby Franco & Aire Libre

Ilustrado por Nancy Batra

All rights reserved.
Copyright ©2018 by Julie Golob
This book is protected under the copyright laws of the United States of America. Any reproduction or unauthorized use of the material or artwork contained herein is prohibited without the express written permission of the author. All characters appearing in this work are fictitious. Any resemblance to real persons, living or dead, is purely coincidental.

Gracias Especiales

Este libro se ha podido realizar gracias a dos mujeres amables y bondadosas. Una de ellas es reconocida campeona, autora y madre, Gabriela Franco de Venezuela. La otra, María del Pilar Quidiello de Aire Libre, comparte la posesión segura y responsable de armas en su país de origen, Guatemala. Con su apoyo, juntos podemos mantener a los niños seguros a través de la educación. Gabby y Pili, estoy tan agradecida a ustedes por vuestra ayuda en compartir este importante mensaje a quienes hablan español.

Gabriela Franco
Gabby fue la primera mujer en representar Venezuela en los Juegos Olímpicos en el deporte de tiro al blanco. Se ha ganado el reconocimiento mundial como escritora, oradora, atleta de alto rendimiento, instructora y por su incesante lucha en favor del derecho a la tenencia y porte de armas de fuego. Sus más de veinticinco años de experiencia en el tiro le han servido como plataforma para motivar y educar a miles de personas sobre el uso responsable de armas de fuego en los Estados Unidos y Puerto Rico. Además, por más de dieciocho años, Gabby a demostrado su compromiso en promover el deporte del tiro no solo con su participación en competencias y la obtención de medallas, pero además por ser un ejemplo de dedicación, espíritu deportivo y actitud positiva.

¿Cuál es tu juguete favorito?

¿Cuáles son algunos de tus JUGUETES favoritos que parecen herramientas?

Cuchillo

Martillo

Serrucho

Motosierra

Las herramientas verdaderas **NO** son juguetes.

Estas son algunas herramientas que no son juguetes.

Un **ARMA** es una herramienta para adultos.

NO ES un juguete.

También se les llama armas de fuego.

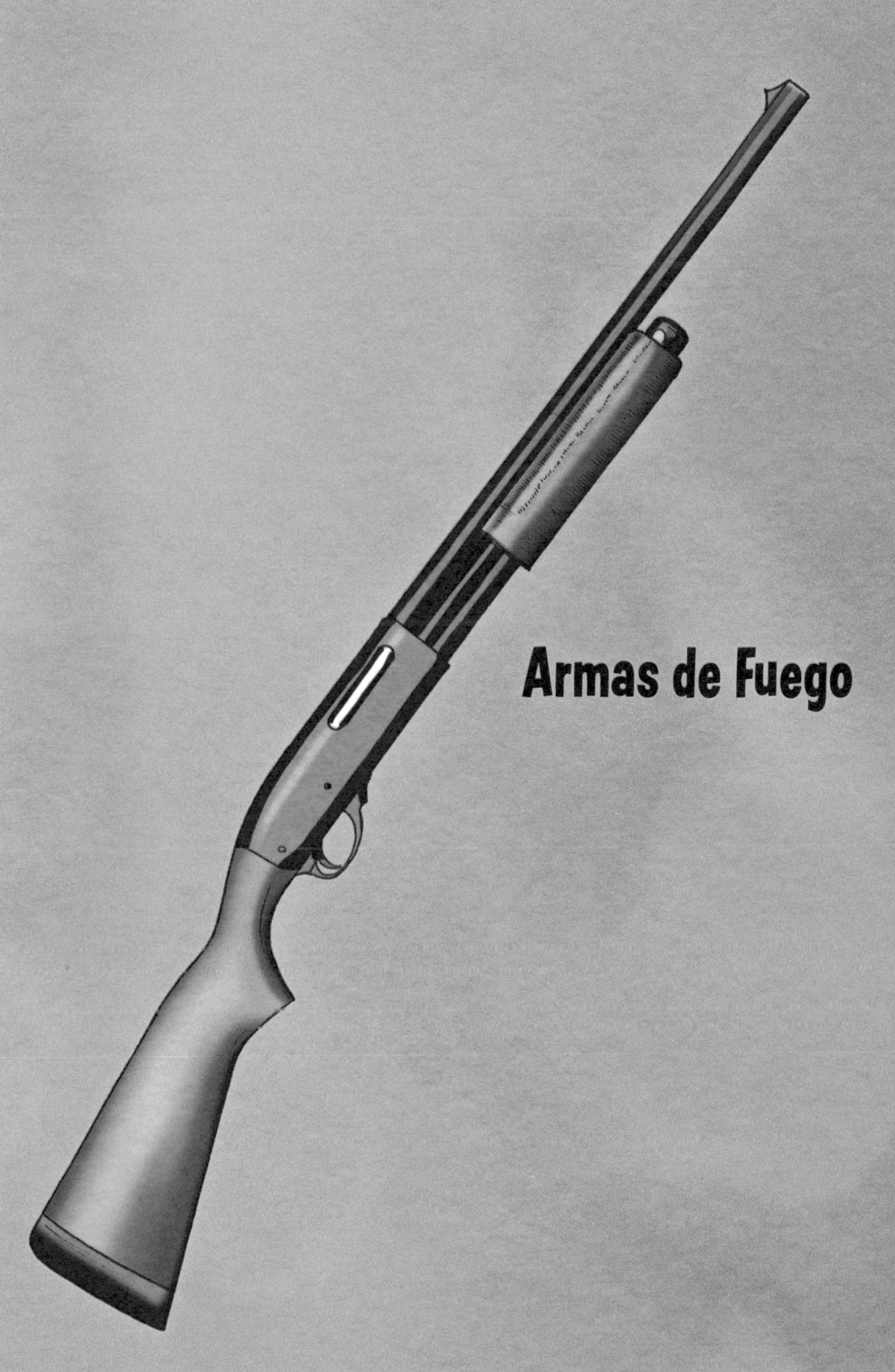

Armas de Fuego

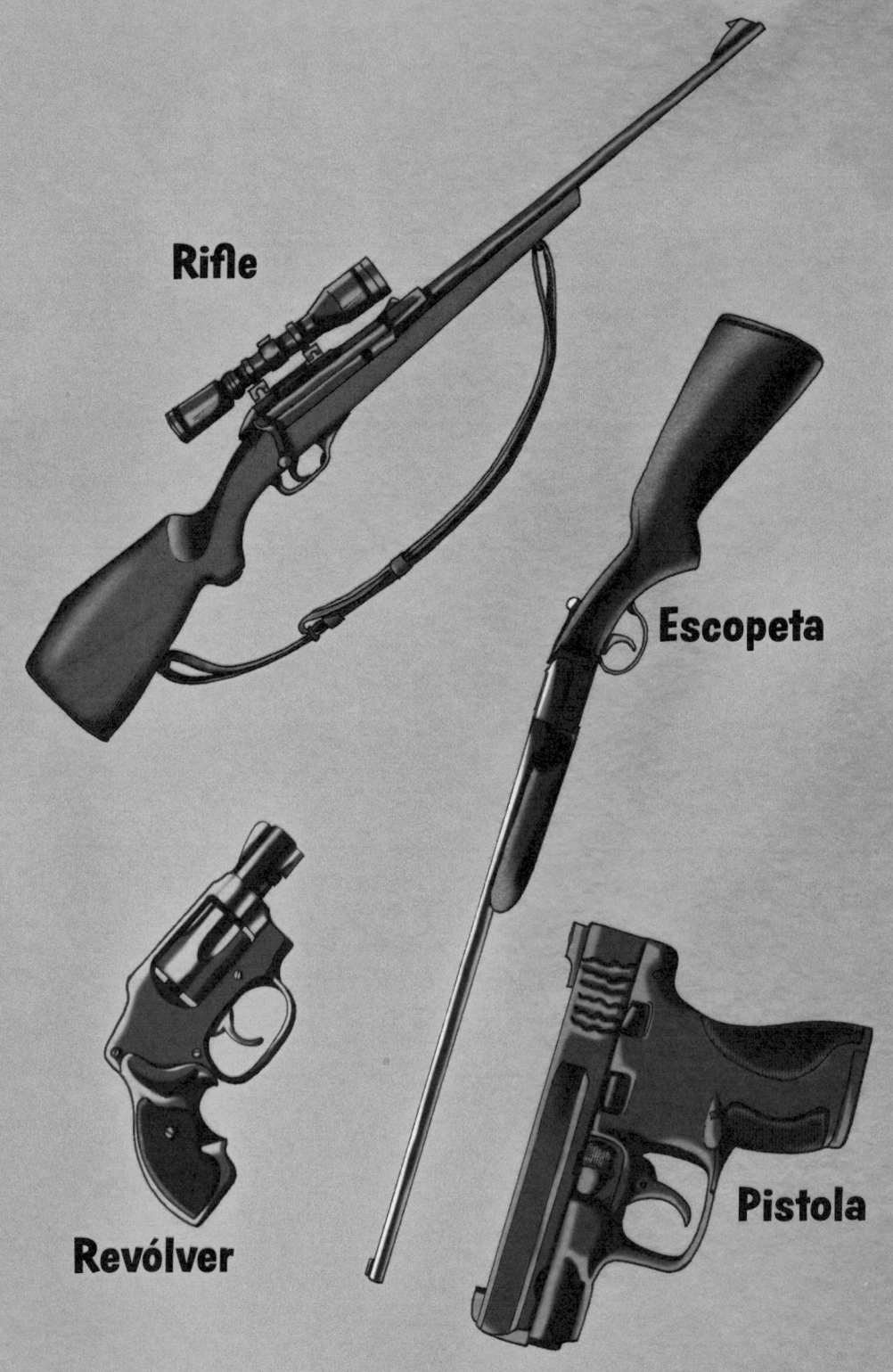

Las armas tienen diferentes formas y tamaños.

Al igual que tú debes tener CUIDADO cuando estás alrededor de hermanientas debes tener MUCHO CUIDADO cuando estás alrededor de armas.

Las ARMAS disparan BALAS que vuelan RÁPIDO a través del aire.

Las balas dejan hoyos en las cosas que impactan.

Una
BALA
sale del
AGUJERO GRANDE
del arma.

A este agujero se le llama boca del arma.

A ésta parte del
arma se le llama
GATILLO.

Apretar el gatillo es
lo que hace
DISPARAR
un arma.

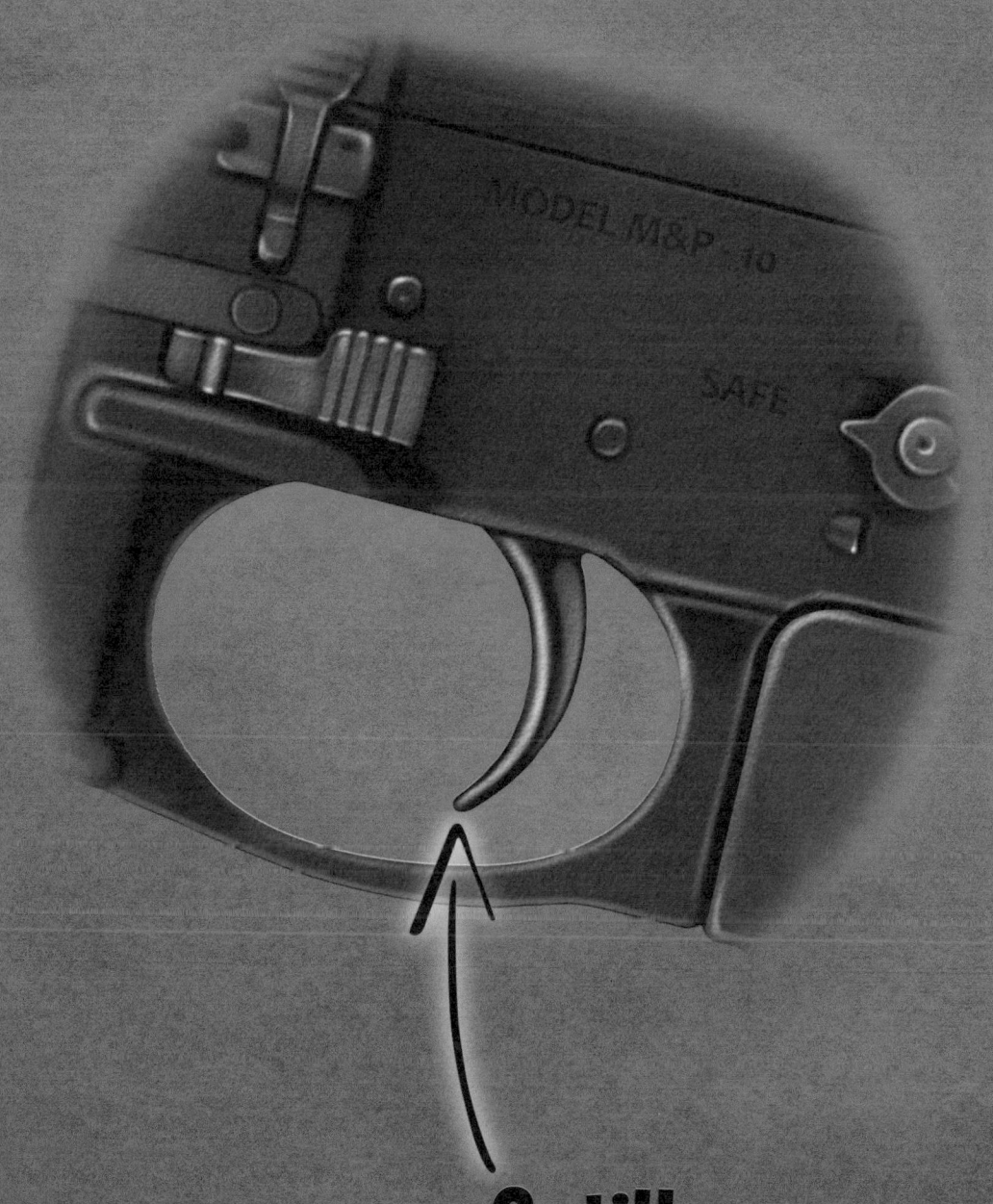

Caja fuerte

Cuando se trata de armas, existen **REGLAS.**

Cuando las armas no se están usando se deben guardar en un **LUGAR SEGURO.**

¿Tienes preguntas sobre ARMAS y HERRAMIENTAS?

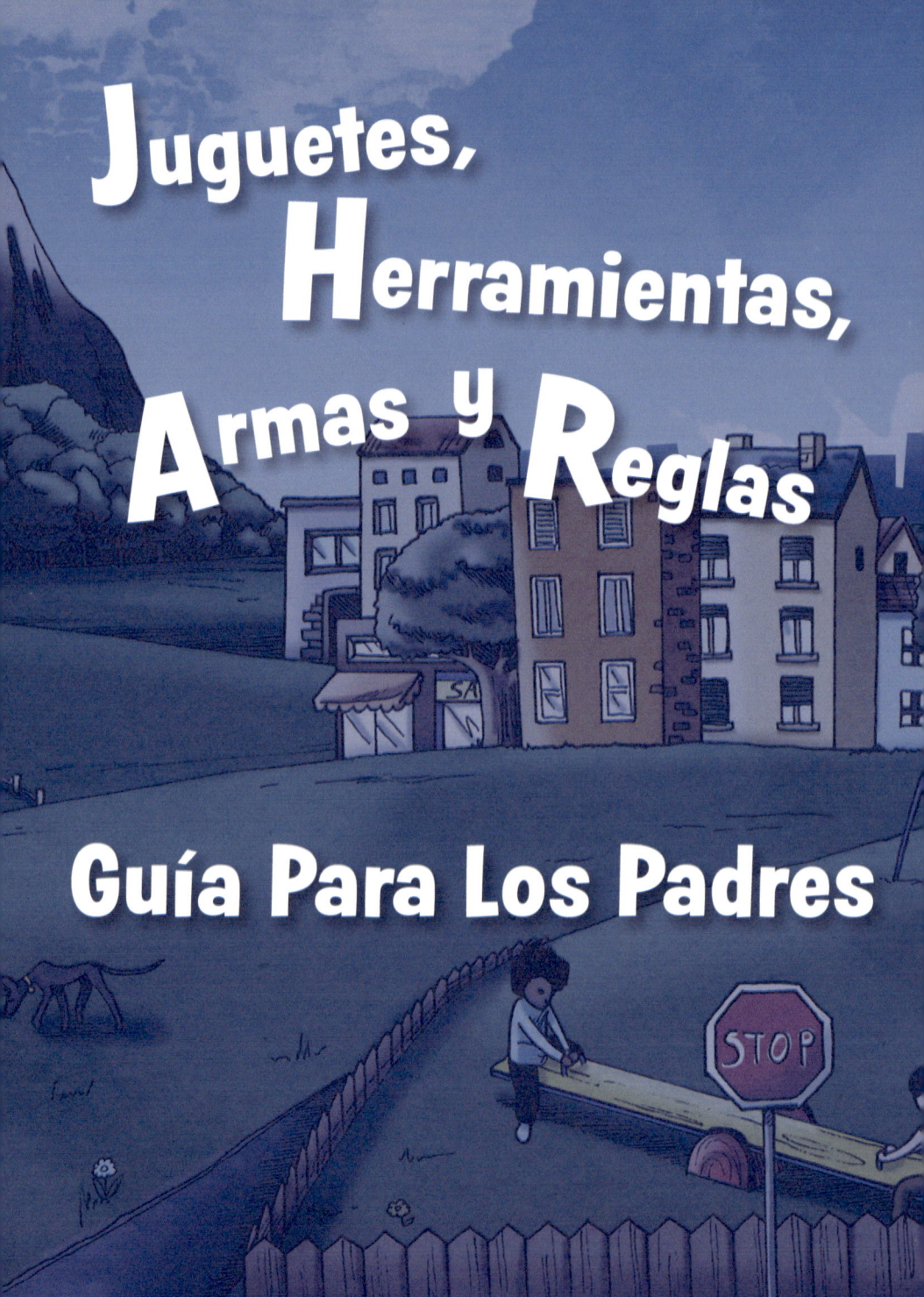

Guía Para Los Padres

Les hablamos a los niños de los peligros del fuego, drogas, desconocidos, del ahogo y más, pero no de las armas. Pese a que los medios de comunicación y la política han polarizado el tema de las armas de fuego, debemos hablar con nuestros hijos sobre éstas, y de la seguridad en su manejo, para protegerles y así ayudar a prevenir muertes y lesiones. Como mamá de dos niñas pequeñas, escribí "Juguetes, Herramientas, Armas y Reglas" para enseñarles a mis hijas acerca de las armas y de la seguridad con éstas a temprana edad. En esta guía explicaré cómo uso este libro y ofreceré sugerencias sobre cómo empezar la conversación acerca de las armas con los niños.

En las primeras páginas de este libro se establecen las diferencias entre los juguetes y las herramientas. He incluido una variedad de imágenes de juguetes y de herramientas para uso de los adultos. Cuando usted lea estas páginas, le sugiero que les señale los diversos juguetes y las herramientas que haya en su hogar. Los juguetes y herramientas mostrados proveen comparaciones que muchos niños entenderán. Por ejemplo, usted puede que tenga martillos y serruchos en su casa y la mayoría de las personas cocinan con hornos calientes. Usted posiblemente haya establecido reglas para sus niños referentes a la estufa, tijeras y otros objetos peligrosos. Hábleles sobre estos y sus reglas hogareñas al ir leyéndoles estas páginas.

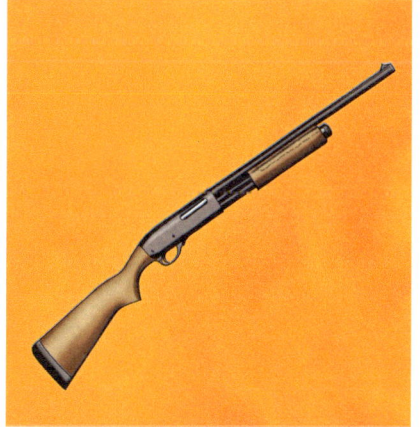

En la primera página donde aparece un arma se va directo al grano. El fondo es intencionalmente amarillo, pues este color simboliza precaución. La primera arma retratada es una escopeta, que es muy popular en deportes. El tiro con escopeta es un deporte olímpico, esta arma es comúnmente usada en los Estados Unidos y alrededor del mundo para la caza, la competencia y la defensa en el hogar.

Mi meta con la siguiente serie de páginas es quitarles los mitos a las armas de fuego y emprezar a poner reglas. Los niños pueden conocer o han visto una variedad de armas en la televisión, y es importante enseñarles que pueden ser de diferentes formas, tamaños, materiales e incluso colores. Para poder hacer una correlación con la vida de sus hijos, éste es un muy buen momento para tratar el tema de cualquier arma que usted posea o a las que pudiesen tener acceso.

Ahora que hemos presentado diversos tipos de armas de fuego, es importante examinar cómo funcionan. En una imagen muestro una bala volando hacia el blanco, pero los niños deberán también comprender que las balas son capaces de pasar a través de papel, plástico, madera y algunos metales. Los muchachos puede que hagan preguntas que sean difíciles de contestar. Esfuércese por responderles con claridad y lógica para frenar la emoción y la intriga.

En las próximas páginas, exploramos la anatomía del arma de fuego, haciendo énfasis sobre dos componentes importantes – la boca del cañon y el gatillo. Al aprender cómo funcionan las armas les permite a los niños cómo prevenir peligros cuando estén cerca de ellas. Saber que una bala sale por la boca del cañon es el primer paso. Mientras leo estas páginas a mis hijas, aprovecho para explicarles el peligro que enfrentan si alguna vez ellas ven la boca del cañon de un arma apuntándoles y que esto es algo muy malo.

El gatillo es otra pieza clave de la anatomía del arma de fuego de la cual los niños deben aprender. Es la parte del arma que más les provoca tocar. Más allá de los mensajes universales de "pare" y "no toque las armas". Ayundando a que los niños entiendan por qué y cómo funcionan las armas puede mitigar esa atracción irresistible. Estas dos páginas son deliberadamente de color rojo para arraigar en los niños la importancia y el peligro potencial.

Luego establecemos quién usa las armas. Esta página da a conocer a su niño a entender que hay armas alrededor suyo diariamente y que no solo los criminales las usan. Las armas son herramientas y son usadas de manera segura y responsable por personas que quizá ellos pudiesen conocer y encontrar. Tiradores de competencia, cazadores, propietarios legales de armas, miembros

del ejército, policías, todos ellos usan armas. Quizá usted mismo también las tenga.

Las siguientes páginas se ocupan del temor que comúnmente tienen los padres: el que un niño encuentre un arma sin resguardo. Vemos a un pequeño tocar a la puerta de un dormitorio. Dentro del cuarto, un revolver está a la vista sobre la mesa de noche. En la siguiente imagen está hablándole a una mujer. Ella podría ser su mamá, tía o niñera – ella simboliza a alguien en quien el niño confía. El arma no es mostrada otra vez; esto es intencional. Los niños observadores preguntarán dónde está. Esta pregunta dará una oportunidad para contestarles de manera similar a como la mujer que anteriormente aparece le habla al pequeño. Es también una oportunidad para indicar una corelación entre lo que se lee en esa página, su hogar y su experiencia.

Este es un momento excelente para hacerles saber a los niños que ellos deben venir a usted con sus preguntas acerca de las armas. Algunas preguntas le seran difíciles de contestar, pero dígales que usted siempre se esforzará por buscar las respuestas acertadas y honestas. Eso les aumentará confianza en usted por su cariño hacia ellos.

Después el libro muestra el almacenaje seguro. El almacenaje seguro de las armas de fuego puede representarse por medio de una caja fuerte grande, como la que se muestra, o cajas fuertes más pequeñas y candados para armas. Estas páginas le ofrecen la oportunidad de compartir con los niños su experiencia personal de cómo guardarlas con seguridad. Quizá usted o algún familiar tiene alguna caja fuerte a la vista. Agregando relatos personales durante la lectura aumentará la confianza. Las armas de fuego deben ser salvaguardadas con seguridad cuando no se estén usando para prevenir su robo o acceso.

La última escena muestra un campo de recreo con una ciudad y montañas que se ven a lo lejos. La seguridad con las armas va más allá de pueblos y la vida campestre. Es un tema que las familias deben abordar, cualquiera que sea el lugar donde vivan. La última pregunta del libro – ¿tienes preguntas acerca de las armas y otras herramientas? – ayuda a los adultos a mantener la conversación activa.

Las ilustraciones en "Juguetes, Herramientas, Armas y Reglas" reflejan mi deseo de representar una variedad de etnicidades tanto en los adultos como en los niños. Esto no es un asunto de lugar, etnicidad o sexo. El arma es un objeto que no tiene sentimientos y no puede distinguir el color de piel de la persona, ni su orientación ni creencias. He evitado los estereotipos específicos en este libro y todos los personajes son ficticios pero representativos de las personas reales. La seguridad con las armas es para todos.

Reglas de Seguridad con las Armas de Fuego Adaptadas para los Niños

Seguridad, tratándo de armas, es un asunto serio, y no algo para andar haciendo tonterías. Para estar seguros siga las siguientes reglas:

1. Trate a las armas de fuego como si estuvieran cargadas y listas para disparar.

2. Nunca le apunte a nada a lo que no desee destruir.

3. Siempre tenga su dedo fuera del gatillo, a menos que esté apuntando hacia un blanco seguro y esté listo para disparar.

4. Las balas son potentes, así que recuerde, usted debe saber cuál es el blanco y también qué hay detrás de ese blanco.

Recursos Adicionales en Español

Visite kidsgunsafetybook.com para obtener información adicional y recursos gratuitos para aprender más sobre cómo usar este libro y hablar con los niños sobre la seguridad de las armas.

Recursos adicionales en Inglés

Project ChildSafe®
Project ChildSafe es un programa de la National Shooting Sports Foundation (Fundación Nacional de Deportes de Tiro) para promover la seguridad y educación sobre las armas de fuego a través de la distribución de mensajes educativos, kits de seguridad de armas de fuego gratuitos y candados para armas de fuego. Visite projectchildsafe.com para obtener más información sobre el almacenamiento seguro, cómo hacer un compromiso de seguridad con armas de fuego y más.

Eddie Eagle GunSafe® Program
El programa Eddie Eagle GunSafe es un programa de prevención de accidentes con armas de fuego desarrollado por un grupo de trabajo formado por educadores, administradores escolares, especialistas en currículos, funcionarios de seguridad de viviendas urbanas, psicólogos clínicos, agentes de la ley y expertos en la seguridad de armas de fuego de la National Rifle Association (Asociación Nacional del Rifle). Puede obtener más información en eddieeagle.nra.org, donde encontrará materiales descargables diseñados para niños desde preescolar hasta cuarto grado.

Acerca de la autora

Julie Golob es madre e instructora de armas de fuego que ha sido condecorada como campeona mundial y nacional, en multiples ocasiones, y veterana del ejército de los Estados Unidos. Ella es una prominente vocera en pro de las posesión responsable de las armas de fuego a través de toda la industria dedicada a éstas, los deportes de tiro y más. El primer libro de Golob, Dispare: Su Guía de Tiro y Competencia (*SHOOT: Your Guide to Shooting and Competition*), es un manual de cómo mejorar las habilidades en el tiro y cómo iniciarse en los deportes de tiro. También escribió un libro electrónico (eBook): Disparando Durante el Embarazo: Un recurso para mamás en espera (*Shooting While Pregnant: A Resource for Expecting Moms*). Juguetes, Herramientas, Armas y Reglas (*Toys, Tools, Guns & Rules*), que exhorta a las familias a que inicien la conversación sobre las armas temprano, es su primer libro para niños.

Visite su sitio web en JulieGolob.com

Made in the USA
Columbia, SC
20 April 2024

34483097R00022